EXERCÍCIOS ESPIRITUAIS COM SÃO JOSÉ

PE. FLÁVIO SOBREIRO

EXERCÍCIOS ESPIRITUAIS COM SÃO JOSÉ

EDITORA
SANTUÁRIO

Direção Editorial:	Pe. Fábio Evaristo R. Silva, C.Ss.R.
	Pe. José Luís Queimado, C.Ss.R.
Conselho Editorial:	Cláudio Anselmo Santos Silva, C.Ss.R.
	Edvaldo Manoel Araújo, C.Ss.R.
	Ferdinando Mancilio, C.Ss.R.
	Gilberto Paiva, C.Ss.R.
	Marco Lucas Tomaz, C.Ss.R.
	Victor Hugo Lapenta, C.Ss.R.
Coordenação Editorial:	Ana Lúcia de Castro Leite
Copidesque:	Luana Galvão
Revisão:	Sofia Machado
Diagramação:	Mauricio Pereira
Capa:	Artur Santoni Araujo Bastos

Dados Internacionais de Catalogação na Publicação (CIP) de acordo com ISBD

S677e Sobreiro, Flávio

Exercícios espirituais com São José / Flávio Sobreiro. - Aparecida : Editora Santuário, 2021.
96 p. ; 12cm x 18cm.

ISBN: 978-65-5527-156-0

1. Religião. 2. Cristianismo. 3. São José. 4. Exercícios espirituais. I. Título.

CDD 240
CDU 24

2021-4216

Elaborado por Vagner Rodolfo da Silva - CRB-8/9410

Índice para catálogo sistemático:
1. Religião : Cristianismo 240
2. Religião : Cristianismo 24

1ª impressão

Rua Pe. Claro Monteiro, 342 – 12570-000 – Aparecida-SP
Tel.: 12 3104-2000 – Televendas: 0800 - 0 16 00 04
www.editorasantuario.com.br
vendas@editorasantuario.com.br

Prefácio

Pe. Flávio Sobreiro, sacerdote do clero da Arquidiocese de Pouso Alegre, é o atual pároco da Paróquia de São José, em Toledo, MG, oferece-nos, neste ano dedicado a São José, esta obra de espiritualidade, na qual partilha esse tesouro que é São José. Ele nos convida a se aproximar de São José e de nos deixarmos impressionar por sua vida e missão, a paternidade legal de Jesus, vivida ativamente nos mistérios da infância do Salvador. José, o humilde carpinteiro de Nazaré, homem justo e prudente (cf. Mt 1,19), esposo da Virgem Maria (cf. Lc 1,27), é o servo fiel e silencioso, "patriarca do silêncio e do trabalho". Apresenta-nos um roteiro bem elaborado e profundo, para mergulhar ainda mais na vida deste homem justo (cf. Mt 1,19) que, segundo os evangelhos, fez o que o Senhor lhe mandava. Escolheu cumprir sua vontade; deixou-se conduzir pelo Espírito, sendo dócil à ação que o Espírito suscitava em seu interior.

José foi testemunha ocular do nascimento de Jesus, nosso Salvador, que aconteceu em condições humanamente humilhantes, na cidade de Belém (cf. Lc 2,7). Na mesma ocasião foi testemunha da adoração dos pastores no mesmo local do nascimento do Menino Deus (cf. Lc 2,15-16); mais tarde, foi testemunha da visita dos Magos, vindos do Oriente (cf. Mt

2,11); como dever religioso de pai, José leva o filho primogênito para ser circuncidado e lhe dá o nome de Jesus (cf. Lc 2,21); leva o menino ao Templo, em Jerusalém, para apresentá-lo ao Senhor (cf. Lc 2,22s). José é um facilitador da vida em Cristo.

O leitor, a leitora, é convidado a percorrer esse caminho, com o fio condutor da compreensão do seguimento de Jesus, a partir de um roteiro de oração para viver mais intensamente a espiritualidade cristã, tendo São José como companheiro de viagem de fé. É uma ajuda educativa, pois "a vida espiritual que José nos mostra não é um caminho a ser explicado, mas um caminho a ser acolhido" (Papa Francisco, Patris Corde, p. 15).

Os exercícios espirituais apresentados nesta obra sugerem a metodologia da Lectio Divina e são distribuídos em sete encontros. Podemos perguntar qual o motivo dessa opção setenária? Na Bíblia o 7 (sete) é o número que demonstra a perfeição; é também representativo da harmonia; 7 são os dons do Espírito Santo. A piedade popular tem o costume, estabelecido pelo menos em meados do século XVII, de dedicar as quartas-feiras ao culto a São José, costume com que se relacionam alguns exercícios de piedade, como as *Sete quartas-feiras* em honra dele. Assim, o(a) leitor(a), animado pela própria experiência, poderá com esse roteiro dirigir invocações especiais a São José todas as quartas-feiras. Essa prática ampliará o espaço de seu interior para a presença e ação do verdadeiro Deus.

É importante destacar aos(às) leitores(as) que todos os exercícios desta obra partem da Palavra de Deus, com um breve texto do Magistério da Igreja, o testemunho de um santo ou uma santa a respeito de sua devoção a São José, Lírios de amor, Ladainha de São José aprovado por Pio X, e compromisso de vida. Esses exercícios podem ser praticados individualmente, em pequenas comunidades ou grupos de reflexão, mas só têm sentido se levarem a uma identificação com Jesus Cristo; se eles alimentam e sustentam o seguimento de Cristo.

Com a ajuda dessa caminhada de sete quartas-feiras o(a) leitor(a) é convidado a aliar os frutos da Palavra de Deus – fortalecer a esperança, purificar a vida, alegrar o coração, cultivar a comunhão e anunciar o amor – com as dimensões da espiritualidade da vida cristã, e testemunhar a irradiação do Evangelho na vida quotidiana.

E, finalmente, o livro abre-nos para "a grandeza de São José, que consiste em virtudes que têm pouco valor aos olhos do mundo. Quem é que gosta de permanecer escondido, silencioso, pequeno, gentil, obediente?" (Papa Francisco).

Vale a pena a leitura e a busca de articulação para realizar as propostas deste livro. Transformem em oração o que leem. Boa leitura!

Dom José Luiz Majella Delgado, C.Ss.R.
Arcebispo Metropolitano de Pouso Alegre

Introdução

SÃO JOSÉ:
ARTESÃO DO SILÊNCIO E DAS SANTAS VIRTUDES

São José viveu praticamente anonimamente. No silêncio dos dias, ocultou-se dos olhares curiosos e dos comentários desnecessários. Em tempos de superexposição, talvez seja por isso que São José não desperte tanto a atenção das pessoas. Era um homem comum, artesão de uma aldeia simples, cujas palavras por ele pronunciadas não encontramos nos evangelhos. Poderia esse homem despertar atenção em uma sociedade que idolatra personalidades e constantemente busca pessoas que despertem curiosidade? A vida e as virtudes de São José ultrapassam a mentalidade superficial de muitas pessoas de nosso tempo. Como esse homem, que nunca escreveu absolutamente nada e cuja fala não encontramos nos evangelhos, pode ser relevante para os cristãos de hoje? Seu silêncio é para nós uma lição esmagadora em meio a uma sociedade que se alimenta da poluição dos aplausos e busca a luz dos holofotes.

São José nos ensina que não é nosso brilho ilusório da superioridade, diante das demais pessoas, que agrada a Deus, mas sim o dever de cumprirmos com amor e humildade nossas pequenas tarefas cotidianas. São José passa pelos Evangelhos como uma sombra, sem fazer ruídos ou agitações, despercebido. Esse fato muito nos ensina, pois queremos ser ouvidos à força das palavras, queremos evidência, e São José busca o silêncio do anonimato.

Não encontramos nenhuma queixa feita por José quando precisa deixar Nazaré e ir até Belém para cumprir a ordem do recenseamento. Nenhuma reclamação de humilhação verte de sua nobre alma quando não encontra um lugar para o nascimento do Messias. O silêncio de José nos desinstala de nossas reclamações arraigadas em nossa alma. Tornamo-nos uma sociedade demasiadamente insatisfeita e que deseja ser ouvida pela força dos gritos e das imposições egoístas. O silêncio de José não é vazio de sentido, mas preenchido com a divina presença de Deus. Um silêncio ausente de palavras, mas cheio de um significado contemplativo.

O silêncio de José ensina-nos a virtude da fortaleza. Queremos dar explicação para tudo, ou exigem de nós explicações porque fizemos aquilo ou deixamos de fazer isto. Queixamos das contrariedades da vida e das desventuras de nossos planos. Desejamos ser ouvidos. Até mesmo sentimos necessidade de que nossos empreendimentos tenham aprovação de todos, caso contrário não nos sentimos seguros o suficiente sobre a decisão que adotamos. O silêncio josefino faz germinar, em nossa alma, a fortaleza espiritual que nos dá a segurança de realizarmos nossos projetos confiantes em Deus e não nos perdemos em explicações que causam dispersão e irritação. “In silentio et in spe erit fortitudo vestra” – “É no silêncio e na esperança que reside vossa fortaleza” (Is 30,15).

São José é o homem do silêncio, que, nos momentos difíceis, esperou e depositou toda a sua confiança em Deus.

Aprendemos com São José a guardarmos silêncio daquilo que não deve ser expresso. O orgulho e a vaidade são ervas daninhas perigosas, que nos levam a dizer coisas a respeito das quais deveríamos ficar calados. Quando não sabemos silenciar, atiramos pedras que acabam ferindo e magoando o próximo. Por vezes, falamos o que não deveríamos falar de maneira proposital, porque sabemos que nossas palavras irão certeiramente atingir o outro. Para nos sobressairmos, **não medimos esforços para humilhar quem se faz refém de nossas palavras agressivas.**

Não raras vezes buscamos depreciar ou rebaixar o próximo, pensando que agindo assim obteremos um reconhecimento à custa da humilhação alheia. De tais fontes da maldade, brotam rancores, inimizades, divisões, desavenças, ofensas e desentendimentos de toda espécie.

São José não foi um homem de discussões, nem humilhava seus semelhantes pela força das palavras, muito menos se dedicava a contar seus problemas a quem estivesse disposto a escutá-los. A ele poderíamos aplicar o versículo bíblico: "Não clamará, não se exaltará, nem fará ouvir sua voz na praça" (Is 42,2). José não ocupou a vida em descobrir as mazelas dos comportamentos de seus semelhantes, nem mesmo consumiu seu tempo em cuidar da vida alheia, mas vivia em Deus e para Deus, ocupando seus dias em estar na presença do Altíssimo.

Iluminados pelo silêncio de São José, devemos ser extremamente cuidadosos no que falamos e na maneira como nos expressamos. O que dizemos hoje continua a viver por muito tempo dentro de quem ouve. Uma vez que falamos ou publicamos nossos pensamentos, eles ganham vida fora de nós e, muitas vezes, podem escapar de nosso controle. As palavras, quando não silenciadas, ganham interpretações diversas cada vez que passam de boca em boca e podem perdurar por anos envenenando almas e destruindo vidas. Nossas palavras nos tornam responsáveis pelo mal que causamos ou pelo bem que propagamos. O silêncio de José, profundo e contemplativo, ensina lições de santidade para todos os que falam demasiadamente sem pensar no mal que estão a perpetuar na alma do próximo.

São José poderia ter-nos comunicado coisas maravilhosas sobre Jesus, contudo preservou com seu silêncio a intimidade divina que habitava sua alma e deveria permanecer oculta, longe dos ouvidos curiosos e das línguas perigosas. Ele poderia ter falado muito, mas optou por guardar dentro de seu coração as bênçãos que contemplava. Essa atitude interior nos ensina que o caminho do silêncio é uma escada de graças para alcançarmos a paz.

O silêncio e a contemplação, virtudes josefinas, são caminhos que nos ensinam a atravessar com serenidade o nevoeiro das palavras agressivas, das fofocas maldosas, das opiniões contrárias, dos defeitos alheios, das vozes confusas e discordantes, para assim chegarmos com segurança aonde realmente importa: a vontade de Deus para nossa vida.

Que estes Exercícios Espirituais com São José nos ajudem a crescer na devoção a esse grande santo e nos tornar mais íntimos de seu amado Filho, Nosso Senhor Jesus Cristo. No silêncio da oração encontramos os caminhos das virtudes josefinas e aprendemos com São José a sempre mais amar Jesus e Maria.

O autor

ORIENTAÇÕES PRÁTICAS E ESPIRITUAIS

1. PREPARAÇÃO EXTERIOR

Busque realizar os Exercícios Espirituais com São José em um horário que permita a você rezar tranquilamente sem ser interrompido (a). Algumas pessoas gostam de rezar logo pela manhã enquanto todos de sua casa ainda estão dormindo. Outros preferem um horário mais tranquilo ao longo do dia. Outros ainda rezam à noite, cujo silêncio é mais presente e facilita a concentração e oração. Você tem total liberdade para escolher o horário que melhor se adapte a sua rotina diária.

Desligue seu celular. Não permita que nada possa interromper seu momento de oração. Esse seu momento de fé deve ser vivenciado com intensidade para que obtenha os frutos espirituais divinos.

Em um lugar apropriado (pode ser em seu quarto, na sala ou em algum outro espaço de sua casa) monte um altar dedicado a São José. Procure adquirir sua imagem ou estampa e uma vela, que deverá ser acesa todos os dias (não se esqueça de apagá-la quando terminar de rezar). Se desejar, pode deixar uma música suave de fundo, desde que ela não atrapalhe seu momento de oração e não cause dispersão.

2. PREPARAÇÃO INTERIOR

Acalme-se interiormente. Respire e inspire algumas vezes, buscando silenciar-se interiormente. Peça a presença e a intercessão de São José. Agradeça a ele estar a seu lado neste momento de oração. Em seguida, reze uma oração pedindo também a presença do Espírito Santo. Sugerimos:

Vinde, Espírito Santo, enchei os corações dos vossos fiéis e acendei neles o fogo do Vosso Amor. Enviai o Vosso Espírito, e tudo será criado e renovareis a face da terra. Oremos: Ó Deus, que instruístes os corações dos vossos fiéis, com a luz do Espírito Santo, fazei que apreciemos retamente todas as coisas, segundo o mesmo Espírito, e gozemos da sua consolação. Por Cristo, Senhor Nosso. Amém!

Após rezar com fé a oração ao Espírito Santo, trace sobre si mesmo o sinal da cruz, sem pressa, com calma e confiança.

3. LEITURA ORANTE DA BÍBLIA

"*Tua palavra é lâmpada para meus pés e luz para meu caminho*" (Sl 119,105).

Muitos homens e muitas mulheres, ao longo da história da Igreja, encontraram na leitura orante da Bíblia um caminho de santificação. Mergulhados nos mistérios da Palavra Divina, beberam das águas de uma fonte perene de espiritualidade.

A leitura orante da Bíblia (*lectio divina*) é composta de quatro etapas: 1) *lectio* (leitura); 2) *meditatio* (meditação); 3) *oratio* (oração); e 4) *contemplatio* (contemplação). Esses passos são um caminho pedagógico-espiritual que gradualmente mergulham o coração do homem no coração de Deus. É um encontro de amor que se faz oração, na intimidade do silêncio fecundo e contemplativo.

O método da leitura orante da Bíblia foi configurado por um monge de nome Guigo, prior da ordem Cartuxa (1.150 d.C.), que escreveu um pequeno livro cujo título é: "A escada dos monges". O conteúdo da obra é uma sistematização do método de leitura orante da Bíblia, que ultrapassou os séculos e continua ainda hoje a ser uma riqueza espiritual para todos os cristãos.

Nas Sagradas Escrituras, encontramos um itinerário espiritual que nos conduz ao coração de Deus: "Toda Escritura é inspirada por Deus e útil para instruir, para refutar, para corrigir, para educar na justiça, a fim de que o homem de Deus seja perfeito, qualificado para toda boa obra" (2Tm 3,16-17).

O método da leitura orante da Bíblia começa com a escolha do local onde iremos meditar. É conveniente que seja um local tranquilo e que não haja interrupção durante o momento de oração. A escolha do tempo também é importante. Meia hora é suficiente para quem está começando. Importante também é a escolha do texto bíblico a se meditar. Como sugestão pode ser o Evangelho do dia, ou o Salmo, ou ainda a primeira leitura.

O primeiro passo é a *lectio* (leitura). Ler com calma e atenção o texto bíblico escolhido quantas vezes forem necessárias. Mergulhar na cena. Identificar os personagens ambientes. Inserir na cena do texto.

O segundo passo é a *meditatio* (meditação). O que Deus nos fala a partir da leitura? É chegado o momento de ouvir a voz do Senhor. São Jerônimo, Doutor da Igreja, padroeiro dos estudantes da Bíblia, disse: "Quando rezamos, falamos com Deus. Quando lemos a Sagrada Escritura, Deus fala conosco". Deus sempre revela a nós sua vontade quando lemos as Sagradas Escrituras. Silêncio no coração e ouvido atento às inspirações de Deus.

O terceiro passo é a *oratio* (oração). Após ouvir a voz de Deus, é chegado o momento de falar com Ele. Oração é um diálogo. Deus fala conosco, e nós falamos com ele. Mergulhados no amor divino, abrimos nosso coração a Deus; Ele em nossa alma, e nossa alma em Deus.

O quarto passo é a *contemplatio* (contemplação). A contemplação é um mergulho silencioso no mistério de Deus. Não há mais necessidade de palavras, pois, no silêncio diante de tão grande dádiva, faz-se uma oração que transcende toda forma de diálogo.

Interessante é formular um compromisso para o dia a partir da leitura meditada. A palavra se faz vida no cotidiano da existência. Gravado na alma, o mistério do amor de Deus agora deseja ir ao encontro dos irmãos.

PRIMEIRO DIA

São José,
intercedei por minha família

Neste primeiro dia dos Exercícios Espirituais com São José, peça a intercessão do glorioso Patrono da Igreja pelas famílias. Rogue a intercessão de São José por todas as famílias que passam por dificuldades financeiras, espirituais, corporais. Coloque nas mãos de São José os pais que enfrentam dificuldades com seus filhos, ore pelos idosos que sofrem o descaso e a exclusão. Não se esqueça das famílias abandonadas que vivem à margem da sociedade e de todas aquelas que têm dificuldades de relacionamento entre os que vivem na mesma casa. No silêncio de seu coração, apresente a São José as famílias que cuidam de alguma pessoa enferma, suas intenções pessoais e confie que ele é poderoso intercessor junto a seu amado Filho, Nosso Senhor Jesus Cristo.

Inicie os exercícios lendo um trecho da Palavra de Deus. Após a leitura, guarde alguns minutos de silêncio deixando que Deus fale com você por meio do texto bíblico. Utilize o método da Leitura Orante da Bíblia que se encontra no início deste livro.

TEXTO BÍBLICO

José descendente de Davi (Gn 39,2; 41,55)

"O Senhor Deus estava com José, que veio a ser homem próspero e estava na casa de seu dono egípcio. Quando toda a terra do Egito começou a sentir a fome, o povo clamou a Faraó por pão; e Faraó dizia a todos os egípcios: — Vão falar com José e façam o que ele disser."

Após meditar sobre a Palavra de Deus, sugerimos que aprofunde seu conhecimento sobre São José lendo um trecho de uma catequese sobre esse grande santo.

CATEQUESE SOBRE SÃO JOSÉ

(Carta Encíclica *Quamquam Pluries* de Sua Santidade o papa Leão XIII sobre a necessidade de se recorrer ao Patrocínio de São José, junto ao da Virgem Mãe de Deus, nas dificuldades dos tempos atuais – 15 de agosto de 1889.)

"As razões pelas quais São José deve ser tido como Patrono da Igreja – e a Igreja por sua vez espera muitíssimo de sua especial proteção – residem, sobretudo, no fato de que ele é esposo de Maria e pai putativo de Jesus Cristo. Daqui derivam toda a sua grandeza, graça, santidade e glória. Sabemos que a dignidade da Mãe de Deus é altíssima e que não pode haver uma maior. Mas, dado que entre a beatíssima Mãe de Deus e São José existe um verdadeiro vínculo matrimonial, é também certo que São José, mais que qualquer outro, aproximou-se daquela altíssima dignidade que faz da Mãe de Deus a criatura mais excelsa. De fato, o matrimônio constitui por si mesmo a forma mais nobre de sociedade e de amizade e traz consigo a comunhão dos bens. Portanto se Deus deu José como esposo a Maria, deu-o não só como companheiro de sua vida, testemunha de sua virgindade e tutor de sua pureza, mas também como participante – por força do vínculo conjugal – da excelsa dignidade da qual ela foi adornada. Além disso, ele eleva-se entre todos em dignidade também porque, por vontade de Deus, foi guarda e, na opinião de todos, pai do Filho de Deus."

Santa Teresa de Jesus nos ajuda a compreender melhor a grandiosa e poderosa intercessão de São José em sua caminhada espiritual.

MEDITAÇÃO ESPIRITUAL

Texto sobre São José de Santa Teresa de Jesus (1511-1582)

"Tomei por advogado e senhor o glorioso São José e encomendei-me muito a ele. Vi claramente que, tanto desta necessidade como de outras maiores de honra e perda de alma, este Pai e Senhor meu me tirou com maior bem do que eu lhe sabia pedir. Não me recordo até agora de lhe ter suplicado coisa que tenha deixado de fazer. É coisa de espantar as grandes mercês que Deus me tem feito por meio deste bem-aventurado Santo e dos perigos de que me tem livrado, tanto no corpo como na alma. A outros santos parece ter dado o Senhor graça para socorrerem em uma necessidade; deste glorioso Santo tenho experiência que socorre em todas. O Senhor nos quer dar a entender que, assim como lhe foi sujeito na terra – pois como tinha nome de pai, embora sendo aio, podia-o mandar –, assim no Céu faz quanto lhe pede. Isso têm visto, por experiência, algumas outras pessoas, a quem eu dizia para se encomendarem a ele. E assim há muitas que lhe são devotas, experimentando de novo esta verdade." (Livro da vida, 6,6)

LÍRIOS DE AMOR

Tendo apresentado as intenções deste dia e meditado na Palavra de Deus, reze agora 1 Pai-nosso e 10 Ave-Marias.

Terminada essa dezena de orações, reze a jaculatória: **Humilde e casto São José, vinde em nosso socorro; por nós intercedei e sempre nos protegei!**

Reze com fé e confiança a Ladainha de São José!

LADAINHA DE SÃO JOSÉ

Senhor, *tende piedade de nós.*
Jesus Cristo, *tende piedade de nós.*
Senhor, *tende piedade de nós.*

Jesus Cristo, *ouvi-nos.*
Jesus Cristo, *atendei-nos.*

Deus, Pai dos Céus, *tende piedade de nós.*
Deus Filho, Redentor do mundo, *tende piedade de nós.*
Deus Espírito Santo, *tende piedade de nós.*
Santíssima Trindade, que sois um só Deus,
tende piedade de nós.

Santa Maria, Mãe de Deus, *rogai por nós.*
São José, *rogai por nós.*

Ilustre filho de Davi, *rogai por nós.*
Luz dos Patriarcas, *rogai por nós.*
Esposo de Maria, Mãe de Deus, *rogai por nós.*
Guardião do Redentor, *rogai por nós.*
Guardião puríssimo da Virgem, *rogai por nós.*
Provedor do Filho de Deus, *rogai por nós.*
Zeloso defensor de Cristo, *rogai por nós.*
Servo de Cristo, *rogai por nós.*
Ministro da salvação, *rogai por nós.*
Chefe da Sagrada Família, *rogai por nós.*
José justíssimo, *rogai por nós.*
José castíssimo, *rogai por nós.*
José prudentíssimo, *rogai por nós.*
José fortíssimo, *rogai por nós.*
José obedientíssimo, *rogai por nós.*
José fidelíssimo, *rogai por nós.*
Exemplo de paciência, *rogai por nós.*
Amante da pobreza, *rogai por nós.*
Modelo dos trabalhadores, *rogai por nós.*
Honra da vida em família, *rogai por nós.*
Guardião das Virgens, *rogai por nós.*
Sustentáculo das famílias, *rogai por nós.*
Amparo nas dificuldades, *rogai por nós.*
Socorro dos miseráveis, *rogai por nós.*
Esperança dos enfermos, *rogai por nós.*
Patrono dos exilados, *rogai por nós.*
Patrono dos aflitos, *rogai por nós.*
Patrono dos pobres, *rogai por nós.*

Patrono dos moribundos, *rogai por nós.*
Terror dos demônios, *rogai por nós.*
Protetor da Santa Igreja, *rogai por nós.*

Cordeiro de Deus, que tirais os pecados do mundo,
perdoai-nos, Senhor.
Cordeiro de Deus, que tirais os pecados do mundo,
ouvi-nos, Senhor.
Cordeiro de Deus, que tirais os pecados do mundo,
tende piedade de nós.

V. Ele constituiu-o senhor de sua casa.
R. E fê-lo príncipe de todos os seus bens.

Oremos: Ó Deus, que por inefável providência vos dignastes escolher a São José por esposo de vossa Mãe Santíssima, concedei-nos, vo-lo pedimos, que mereçamos ter por intercessor no Céu aquele que veneramos na Terra como protetor. Vós que viveis e reinais por todos os séculos dos séculos. Amém.

Após a **Ladainha de São José,** reze com fé e confiança a **Oração ao Glorioso São José.** Esta é uma oração de grande poder. Aproprie-se de cada palavra e das bênçãos que ela pode conceder a você e a sua família. Reze cada palavra acreditando que São José está junto de você e de seus familiares, intercedendo e protegendo seu lar de todos os perigos e todas as ciladas do demônio.

ORAÇÃO AO GLORIOSO SÃO JOSÉ

São José, alegres louvamos vosso exemplo
de doação paternal a nosso amado Jesus.
Homem da obediência e do silêncio,
ensinai-nos por vosso exemplo a colocarmos
nossa confiança nas mãos do Pai Celestial.

Não nos desampareis nas quedas
e, assim como não deixastes Jesus abandonado,
caminhai conosco, intercedendo a Deus por nós.

Nas angústias, ouvi-nos;
nos perigos, defendei-nos;
na dor, fortificai-nos;
na tristeza, dai-nos esperança;
nas tempestades, acalmai-nos!

Castíssimo São José,
ensinai-nos a zelar por nossa família
com amor constante e cuidado diário.
Livrai nossa família dos perigos espirituais e temporais
e acompanhai-nos com vossa constante proteção.
Amém!

Conclua este primeiro dia dos exercícios espirituais agradecendo a Deus a oportunidade de estar na presença do glorioso São José e as graças que lhes serão concedidas neste momento de oração. Para finalizar, trace, com fé, calma e confiança, o sinal da cruz sobre você.

COMPROMISSO DO DIA

Neste primeiro dia de nossos Exercícios Espirituais com São José, comprometa-se a rezar todos os dias por sua família. Quando nela pensar, reze com fé e confiança: **Glorioso São José, minha família de todo mal e enfermidade protegei!**

SEGUNDO DIA

São José, intercedei por meu trabalho

Neste segundo dia dos Exercícios Espirituais com São José, peça a intercessão do glorioso operário por seu trabalho, por todos os trabalhadores e por todos aqueles que se encontram desempregados. São José, o humilde carpinteiro, dignificou o trabalho com seu amor e zelo constantes. Por meio de seu suor, levou o pão de cada dia para a casa de Nazaré, provendo o necessário a Maria e Jesus. Por isso ele é padroeiro de todos os trabalhadores. E, neste dia, peça sua intercessão para que nunca lhe falte o trabalho, e rogue também pelos desempregados, a fim de que consigam um espaço digno para exercerem sua profissão. Aprenda com São José a santificar o local de trabalho, exercendo com humildade e silêncio as atividades que lhe cabem e, assim, buscando santificar-se a cada dia por meio de seu suor e esforço contínuos.

Medite um trecho da Palavra de Deus. Após a leitura, guarde alguns minutos de silêncio, deixando que Deus fale com você por meio do texto bíblico. Você pode utilizar o método da Leitura Orante da Bíblia que se encontra no início deste livro.

TEXTO BÍBLICO

José, o carpinteiro de Nazaré (Mt 13,53-58)

"Quando Jesus terminou de contar essas parábolas, saiu desse lugar e voltou para sua terra. Ensinava as pessoas na sinagoga, de modo que ficavam admiradas. Diziam: 'De onde vêm essa sabedoria e esses milagres? Esse homem não é o filho do carpinteiro? Sua mãe não se chama Maria, e seus irmãos não são Tiago, José, Simão e Judas? E suas irmãs não moram conosco? Então, de onde vem tudo isso?' E ficaram escandalizados por causa de Jesus. Mas Jesus disse: 'Um profeta só não é estimado em sua própria pátria e em sua família'. E Jesus não fez muitos milagres aí, por causa da falta de fé deles."

Após meditar sobre a Palavra de Deus, sugerimos que aprofunde seu conhecimento sobre São José meditando acerca de um trecho de uma catequese sobre esse grande santo.

CATEQUESE SOBRE SÃO JOSÉ

(Papa Bento XVI. Angelus. III Domingo de Quaresma, 19 de março de 2006. Solenidade de São José.)

"Apraz-me recordar que era muito devoto de São José também o amado papa João Paulo II, o qual lhe dedicou a Exortação apostólica *Redemptoris Custos*, Guarda do Redentor, e certamente experimentou sua assistência na hora da morte.

A figura desse grande Santo, mesmo sendo bastante escondida, reveste na história da salvação uma importância fundamental. Antes de tudo, pertencendo ele à tribo de Judá, ligou Jesus à descendência davídica, de forma que, realizando as promessas sobre o Messias, o Filho da Virgem Maria se pôde tornar verdadeiramente 'filho de David'. O Evangelho de Mateus, de modo particular, ressalta as profecias messiânicas que encontraram cumprimento mediante o papel de José: o nascimento de Jesus em Belém (2,1-6); sua passagem através do Egito, onde a Sagrada Família tinha se refugiado (2,13-15); a alcunha 'Nazareno' (2,22-23). Em tudo isso, ele demonstrou-se, ao mesmo nível da esposa Maria, herdeiro autêntico da fé de Abraão: fé no Deus, que guia os acontecimentos da história segundo seu misterioso desígnio salvífico. Sua grandeza, ao mesmo nível da de Maria, sobressai ainda mais porque sua missão se desempenhou na humildade e no escondimento da casa de Nazaré. De resto, o próprio Deus, na Pessoa de seu Filho encarnado, escolheu este caminho, este estilo, a humildade e o escondimento em sua existência terrena.

O exemplo de São José é para todos nós um forte convite a desempenharmos com fidelidade, simplicidade e humildade a tarefa que a Providência nos destinou. Penso, antes de tudo, nos pais e nas mães de família e rezo para que saibam sempre apreciar a beleza de uma vida simples e laboriosa, cultivando com solicitude o relacionamento conjugal e cumprindo com entusiasmo a grande e difícil missão educativa. Aos sacerdotes, que exercem a paternidade em relação às comunidades eclesiais, São José obtenha que amem a Igreja com afeto e dedicação total e ampare as pessoas consagradas em sua jubilosa e fiel observância dos conselhos evangélicos de pobreza, castidade e obediência. Proteja os trabalhadores de todo o mundo, para que contribuam com suas várias profissões para o progresso de toda a humanidade e ajude cada cristão a realizar com confiança e com amor a vontade de Deus, cooperando assim para o cumprimento da obra da salvação."

Santa Teresinha do Menino Jesus escreveu um belo poema a São José. Leia rezando e meditando cada palavra, que honra e glorifica nosso amado Pai Espiritual.

MEDITAÇÃO ESPIRITUAL

Poesia: "A nosso Pai, **São José**",
escrita por Santa Teresinha do Menino Jesus.

"São José, tua vida admirável
na pobreza decorreu,
a contemplar sempre a beleza
de Jesus e de Maria.

São José, o Pai tão terno
protege nosso Carmelo.
Que tuas filhas, neste mundo,
saboreiem sempre a Paz do Céu!

O Filho de Deus, na infância,
sendo a ti sempre submisso,
quantas vezes, bem feliz,
em teu colo repousou.

E, como tu, nós também
em tranquila solidão
servimos a Maria e Jesus
sem outro desejo senão

o de lhes agradar.
Nossa Mãe Santa Teresa
com muito amor te invocava
e todas as suas preces
dizia que escutavas.

Temos a esperança de que um dia,
ao terminar a prova desta vida,
ver-te-emos ao lado de Maria.
Abençoa, terno Pai, nosso Carmelo
E, após o desterro desta vida,
ajunta-nos lá no Céu!"

LÍRIOS DE AMOR

Tendo apresentado as intenções deste dia e meditado na Palavra de Deus, reze agora 1 Pai-nosso e 10 Ave-Marias.

Terminada essa dezena de orações, reze a jaculatória: **Humilde e casto São José, vinde em nosso socorro, por nós intercedei e sempre nos protegei!**

Reze com fé e confiança a Ladainha de São José!

LADAINHA DE SÃO JOSÉ

Senhor, *tende piedade de nós.*
Jesus Cristo, *tende piedade de nós.*

Senhor, *tende piedade de nós.*
Jesus Cristo, *ouvi-nos.*
Jesus Cristo, *atendei-nos.*

Deus, Pai dos Céus, *tende piedade de nós.*
Deus Filho, Redentor do mundo, *tende piedade de nós.*
Deus Espírito Santo, *tende piedade de nós.*
Santíssima Trindade, que sois um só Deus,
tende piedade de nós.

Santa Maria, Mãe de Deus, *rogai por nós.*
São José, *rogai por nós.*
Ilustre filho de Davi, *rogai por nós.*
Luz dos Patriarcas, *rogai por nós.*
Esposo de Maria, Mãe de Deus, *rogai por nós.*
Guardião do Redentor, *rogai por nós.*
Guardião puríssimo da Virgem, *rogai por nós.*
Provedor do Filho de Deus, *rogai por nós.*
Zeloso defensor de Cristo, *rogai por nós.*
Servo de Cristo, *rogai por nós.*
Ministro da salvação, *rogai por nós.*
Chefe da Sagrada Família, *rogai por nós.*
José justíssimo, *rogai por nós.*
José castíssimo, *rogai por nós.*
José prudentíssimo, *rogai por nós.*
José fortíssimo, *rogai por nós.*
José obedientíssimo, *rogai por nós.*
José fidelíssimo, *rogai por nós.*

Exemplo de paciência, *rogai por nós.*
Amante da pobreza, *rogai por nós.*
Modelo dos trabalhadores, *rogai por nós.*
Honra da vida em família, *rogai por nós.*
Guardião das Virgens, *rogai por nós.*
Sustentáculo das famílias, *rogai por nós.*
Amparo nas dificuldades, *rogai por nós.*
Socorro dos miseráveis, *rogai por nós.*
Esperança dos enfermos, *rogai por nós.*
Patrono dos exilados, *rogai por nós.*
Patrono dos aflitos, *rogai por nós.*
Patrono dos pobres, *rogai por nós.*
Patrono dos moribundos, *rogai por nós.*
Terror dos demônios, *rogai por nós.*
Protetor da Santa Igreja, *rogai por nós.*

Cordeiro de Deus, que tirais os pecados do mundo,
perdoai-nos, Senhor.
Cordeiro de Deus, que tirais os pecados do mundo,
ouvi-nos, Senhor.
Cordeiro de Deus, que tirais os pecados do mundo,
tende piedade de nós.

V. Ele constituiu-o senhor de sua casa.
R. E fê-lo príncipe de todos os seus bens.

Oremos: Ó Deus, que por inefável providência vos dignastes escolher a São José por esposo de vossa Mãe Santíssima, concedei-nos, vo-lo pedimos, que mereçamos ter por intercessor no Céu aquele que veneramos na Terra como protetor. Vós que viveis e reinais por todos os séculos dos séculos. Amém.

Após a **Ladainha de São José**, reze com fé e confiança a **Oração ao Glorioso São José**. Busque nesta oração unir seu coração ao do Castíssimo Coração de São José, pedindo sua proteção sobre seu trabalho e lembrando-se de todos os desempregados.

ORAÇÃO AO GLORIOSO SÃO JOSÉ

São José, alegres louvamos vosso exemplo
de doação paternal a nosso amado Jesus.
Homem da obediência e do silêncio,
ensinai-nos por vosso exemplo a colocarmos
nossa confiança nas mãos do Pai Celestial.

Não nos desampareis nas quedas
e, assim, como não deixastes Jesus abandonado,
caminhai conosco, intercedendo a Deus por nós.

Nas angústias, ouvi-nos;
nos perigos, defendei-nos;
na dor, fortificai-nos;
na tristeza, dai-nos esperança;
nas tempestades, acalmai-nos!

Castíssimo São José,
ensinai-nos a zelar por nossa família
com amor constante e cuidado diário.
Livrai nossa família dos perigos espirituais e temporais
e acompanhai-nos com vossa constante proteção.
Amém!

Conclua este segundo dia dos exercícios espirituais agradecendo a Deus a oportunidade de aprender um pouco mais sobre São José e crescer no amor a esse grande santo. Agradeça o dom de seu trabalho e, se estiver desempregado, peça a São José a graça de um emprego. Para finalizar, trace, com fé, calma e confiança, o sinal da cruz sobre você.

COMPROMISSO DO DIA

Neste segundo dia de nossos Exercícios Espirituais com São José, agradeça a Deus o dom do trabalho e se lembre dos desempregados rezando esta breve oração ao longo do dia ou da semana: **São José, meu glorioso protetor, meu trabalho abençoai e olhai pelos desempregados com amor.**

TERCEIRO DIA

São José, intercedei pelos enfermos

Neste terceiro dia dos Exercícios Espirituais, peça a intercessão de São José pelos enfermos e por sua saúde corporal e espiritual. A São José apresente todos os enfermos do corpo e da alma, suplicando sua poderosa intercessão junto a Nosso Senhor Jesus Cristo. Coloque no colo de São José todos os doentes, pedindo que ele seja consolo e esperança em meio às realidades humanas que exigem confiança e fé. Lembre-se hoje de todos os profissionais da saúde que têm a vocação do cuidado com o dom da vida. Também peça por sua saúde e por todos os seus familiares. Que sua confiança em Deus seja simples e humilde como era a de São José.

Medite um trecho da Palavra de Deus, que ilumina este terceiro dia dos exercícios espirituais. Após a leitura, fique alguns minutos em silêncio, deixando que Deus fale com você por meio do texto bíblico. Você pode utilizar o método da Leitura Orante da Bíblia, que se encontra no início deste livro.

TEXTO BÍBLICO

Fé e confiança em Cristo (Lc 17,11-19)

"Caminhando para Jerusalém, aconteceu que Jesus passava entre a Samaria e a Galileia. Quando estava para entrar em um povoado, dez leprosos foram ao encontro dele. Pararam de longe e gritaram: 'Jesus, Mestre, tem compaixão de nós!' Ao vê-los, Jesus disse: 'Vão apresentar-se aos sacerdotes'. Enquanto caminhavam, aconteceu que ficaram curados. Ao perceber que estava curado, um deles voltou atrás dando glória a Deus em alta voz. Jogou-se no chão, aos pés de Jesus, e lhe agradeceu. E este era um samaritano. Então Jesus lhe perguntou: 'Não foram dez os curados? E os outros nove, onde estão? Não houve quem voltasse para dar glória a Deus, a não ser este estrangeiro?' E disse a ele: 'Levante-se e vá. Sua fé o salvou'".

Após meditar algum tempo sobre a Palavra de Deus, sugerimos que leia e aprofunde seu conhecimento sobre São José.

CATEQUESE SOBRE SÃO JOSÉ

(São João Paulo II. Angelus. Domingo, 18 de março de 2001.)

"São José é para nós, em primeiro lugar, modelo de fé. Como Abraão, viveu sempre em uma atitude de total abandono à Providência divina, por isso nos oferece um exemplo encorajante, especialmente quando nos é pedido que nos confiemos a Deus 'sob a palavra', isto é, sem ver claramente seu desígnio.

Somos chamados a imitá-lo, além disso, no humilde exercício da obediência, virtude que nele brilha no estilo de silêncio e obscuridade operosa. Como é preciosa a 'escola' de Nazaré para o homem contemporâneo, assediado por uma cultura que muito frequentemente exalta a aparência e o sucesso, a autonomia e um falso conceito de liberdade individual! Quão necessário é, pelo contrário, recuperar o valor da simplicidade, da obediência, do respeito e da busca amorosa da vontade de Deus."

São Bernardino de Sena nos ajuda a refletir piedosamente sobre São José, pai adotivo de Jesus.

MEDITAÇÃO ESPIRITUAL

Dos Sermões de São Bernardino de Sena, presbítero.

"É esta a regra geral de todas as graças especiais concedidas a qualquer criatura racional: quando a providência divina escolhe alguém para uma graça particular ou estado superior, também dá à pessoa assim escolhida todos os carismas necessários para o exercício de sua missão.

Isso se verificou de forma eminente em São José, pai adotivo do Senhor Jesus Cristo e verdadeiro esposo da rainha do mundo e senhora dos anjos. Com efeito, ele foi escolhido pelo Pai eterno para ser o guarda fiel e providente de seus maiores tesouros: o Filho de Deus e a Virgem Maria. E cumpriu com a máxima fidelidade sua missão. Eis por que o Senhor lhe disse: 'Servo bom e fiel! Vem participar da alegria do teu Senhor!'" (Mt 25,21)

LÍRIOS DE AMOR

Tendo apresentado as intenções deste dia e meditado na Palavra de Deus, reze agora 1 Pai-nosso e 10 Ave-Marias.

Terminada essa dezena de orações, reze a jaculatória: **Humilde e casto São José, vinde em nosso socorro, por nós intercedei e sempre nos protegei!**

Reze com fé e devoção a Ladainha de São José!

LADAINHA DE SÃO JOSÉ

Senhor, *tende piedade de nós.*
Jesus Cristo, *tende piedade de nós.*
Senhor, *tende piedade de nós.*

Jesus Cristo, *ouvi-nos.*
Jesus Cristo, *atendei-nos.*

Deus, Pai dos Céus, *tende piedade de nós.*
Deus Filho, Redentor do mundo, *tende piedade de nós.*
Deus Espírito Santo, *tende piedade de nós.*
Santíssima Trindade, que sois um só Deus,
tende piedade de nós.

Santa Maria, Mãe de Deus, *rogai por nós.*
São José, *rogai por nós.*
Ilustre filho de Davi, *rogai por nós.*
Luz dos Patriarcas, *rogai por nós.*
Esposo de Maria, Mãe de Deus, *rogai por nós.*
Guardião do Redentor, *rogai por nós.*
Guardião puríssimo da Virgem, *rogai por nós.*
Provedor do Filho de Deus, *rogai por nós.*
Zeloso defensor de Cristo, *rogai por nós.*
Servo de Cristo, *rogai por nós.*
Ministro da salvação, *rogai por nós.*
Chefe da Sagrada Família, *rogai por nós.*
José justíssimo, *rogai por nós.*

José castíssimo, *rogai por nós.*
José prudentíssimo, *rogai por nós.*
José fortíssimo, *rogai por nós.*
José obedientíssimo, *rogai por nós.*
José fidelíssimo, *rogai por nós.*
Exemplo de paciência, *rogai por nós.*
Amante da pobreza, *rogai por nós.*
Modelo dos trabalhadores, *rogai por nós.*
Honra da vida em família, *rogai por nós.*
Guardião das Virgens, *rogai por nós.*
Sustentáculo das famílias, *rogai por nós.*
Amparo nas dificuldades, *rogai por nós.*
Socorro dos miseráveis, *rogai por nós.*
Esperança dos enfermos, *rogai por nós.*
Patrono dos exilados, *rogai por nós.*
Patrono dos aflitos, *rogai por nós.*
Patrono dos pobres, *rogai por nós.*
Patrono dos moribundos, *rogai por nós.*
Terror dos demônios, *rogai por nós.*
Protetor da Santa Igreja, *rogai por nós.*

Cordeiro de Deus, que tirais os pecados do mundo,
perdoai-nos, Senhor.
Cordeiro de Deus, que tirais os pecados do mundo,
ouvi-nos, Senhor.
Cordeiro de Deus, que tirais os pecados do mundo,
tende piedade de nós.

V. Ele constituiu-o senhor de sua casa.
R. E fê-lo príncipe de todos os seus bens.

Oremos: Ó Deus, que por inefável providência vos dignastes escolher a São José por esposo de vossa Mãe Santíssima, concedei-nos, vo-lo pedimos, que mereçamos ter por intercessor no Céu aquele que veneramos na Terra como protetor. Vós que viveis e reinais por todos os séculos dos séculos. Amém.

Após a **Ladainha de São José**, reze com fé e confiança a **Oração ao Glorioso São José**. Busque nessa oração unir seu coração ao do Castíssimo Coração de São José, pedindo sua bênção e proteção sobre todos os enfermos, sobre os profissionais da saúde e também sobre sua própria saúde espiritual, mental e corporal.

ORAÇÃO AO GLORIOSO SÃO JOSÉ

São José, alegres louvamos vosso exemplo
de doação paternal a nosso Amado Jesus.
Homem da obediência e do silêncio,
ensinai-nos por vosso exemplo a colocarmos
nossa confiança nas mãos do Pai Celestial.

Não nos desampareis nas quedas
e, assim, como não deixastes Jesus abandonado,
caminhai conosco, intercedendo a Deus por nós.

Nas angústias, ouvi-nos;
nos perigos, defendei-nos;
na dor, fortificai-nos;
na tristeza, dai-nos esperança;
nas tempestades, acalmai-nos!

Castíssimo São José,
ensinai-nos a zelar por nossa família
com amor constante e cuidado diário.
Livrai nossa família dos perigos espirituais e temporais
e acompanhai-nos com vossa constante proteção.
Amém!

Conclua este terceiro dia dos exercícios espirituais agradecendo a Deus ter lhe concedido a graça de contar com a intercessão de São José. Para finalizar, trace, com fé, calma e confiança, o sinal da cruz sobre você.

COMPROMISSO DO DIA

Neste terceiro dia dos Exercícios Espirituais com São José, busque estar unido espiritual e caritativamente juntos a todos os enfermos. Reze, ao longo deste dia ou da semana, esta breve oração: **São José, esperança dos enfermos, a ti confiamos as dores da humanidade sofredora.**

QUARTO DIA

São José, intercedei pela Igreja

Neste quarto dia dos exercícios espirituais, reze a São José pedindo pela Igreja, por sua (arqui) diocese, por sua paróquia e suas comunidades, seus leigos e suas leigas, pelas pastorais, pelos ministérios, movimentos, pelo Papa, pelos cardeais, pelos (arce) bispos, pelos sacerdotes, diáconos, seminaristas, religiosos e pelas religiosas. Coloque no Castíssimo Coração de São José todas estas suas intenções para que a Igreja seja sempre o rosto do Cristo Bom Pastor, misericordioso. Reze também pelos missionários e por todos os que são perseguidos por testemunharem e anunciarem a Boa-Nova de salvação.

Medite acerca de um trecho da Palavra de Deus. Após a leitura, guarde alguns minutos de silêncio deixando que Deus fale com você por meio do texto bíblico. Você pode utilizar o método da Leitura Orante da Bíblia que se encontra no início deste livro.

TEXTO BÍBLICO

Igreja: comunhão e misericórdia (At 2,42-47)

"Eram perseverantes em ouvir o ensinamento dos apóstolos, na comunhão fraterna, no partir do pão e nas orações. Em todos eles havia temor, por causa dos numerosos prodígios e sinais que os apóstolos realizavam. Todos os que abraçaram a fé eram unidos e colocavam em comum todas as coisas, vendiam suas propriedades e seus bens e repartiam o dinheiro entre todos, conforme a necessidade de cada um. Diariamente, todos juntos frequentavam o Templo e nas casas partiam o pão, tomando alimento com alegria e simplicidade de coração. Louvavam a Deus e eram estimados por todo o povo. E a cada dia o Senhor acrescentava à comunidade outras pessoas que iam aceitando a salvação."

Após meditar algum tempo sobre a Palavra de Deus, sugerimos que leia e aprofunde seu conhecimento sobre São José.

CATEQUESE SOBRE SÃO JOSÉ

(São João Paulo II. Exortação Apostólica *Redemptoris Custos* sobre a figura e a missão de São José na vida de Cristo e na da Igreja, 32.)

"Desejo vivamente que esta evocação da figura de São José renove também em nós o ritmo da oração que, há um século, meu Predecessor estabeleceu que lhe fosse elevada. É fora de dúvida, efetivamente, que essa oração e a própria figura de São José se revestem de atualidade renovada para a Igreja de nosso tempo, em relação com o novo Milênio cristão.

O Concílio Vaticano II procurou sensibilizar-nos novamente para 'as grandes coisas de Deus' e para aquela 'economia da salvação' de que São José foi particularmente ministro. Recomendando-nos, pois, à proteção daquele a quem o próprio Deus 'confiou a guarda de seus tesouros mais preciosos e maiores', aprendamos com ele, ao mesmo tempo, a servir a 'economia da salvação'. Que São José se torne para todos um mestre singular no serviço da missão salvífica de Cristo, que, na Igreja, compete a cada um e a todos: aos esposos e aos pais, àqueles que vivem do trabalho das próprias mãos e de todo e qualquer outro trabalho, às pessoas chamadas para a vida contemplativa e às que são chamadas ao apostolado.

O homem justo, que trazia em si o patrimônio da Antiga Aliança, foi também introduzido no 'princípio' da nova e eterna Aliança em Jesus Cristo. Que ele nos indique os caminhos desta Aliança salvífica no limiar do próximo Milênio, durante o qual deve perdurar e desenvolver-se ulteriormente a 'plenitude dos tempos' própria do mistério inefável da Encarnação do Verbo."

São Bernardino de Sena continua nos ajudando a refletir sobre São José, pai adotivo de Jesus.

MEDITAÇÃO ESPIRITUAL

Dos Sermões de São Bernardino de Sena, presbítero.

"Consideremos São José diante de toda a Igreja de Cristo: acaso não é ele o homem especialmente escolhido, por quem e sob cuja proteção se realizou a entrada de Cristo no mundo de modo digno e honesto? Se, portanto, toda a santa Igreja tem uma dívida para com a Virgem Mãe, por ter recebido a Cristo por meio dela, assim também, depois dela, deve a São José uma singular graça e reverência.

Ele encerra o Antigo Testamento; nele a dignidade dos patriarcas e dos profetas obtém o fruto prometido. Mas ele foi o único que realmente possuiu aquilo que a bondade divina lhes tinha prometido.

E não duvidemos de que a familiaridade, o respeito e a sublimíssima dignidade que Cristo lhe tributou, enquanto procedeu na terra como um filho para com seu pai, certamente também nada disso lhe negou no céu, mas antes, completou e aperfeiçoou. Por isso não é sem razão que o Senhor lhe declara: vem participar da alegria do teu Senhor! Embora a alegria da felicidade eterna penetre no coração do homem, o Senhor preferiu dizer: vem participar da alegria. Quis assim insinuar misteriosamente que a alegria não está só dentro dele, mas o envolve de todos os lados e o absorve e submerge como um abismo sem-fim."

LÍRIOS DE AMOR

Tendo apresentado as intenções deste dia e meditado na Palavra de Deus, reze agora 1 Pai-nosso e 10 Ave-Marias.

Terminada essa dezena de orações, reze a jaculatória: **Humilde e casto São José, vinde em nosso socorro, por nós intercedei e sempre nos protegei!**

Reze com devoção, em união com toda a Igreja, a Ladainha de São José!

LADAINHA DE SÃO JOSÉ

Senhor, *tende piedade de nós.*
Jesus Cristo, *tende piedade de nós.*
Senhor, *tende piedade de nós.*

Jesus Cristo, *ouvi-nos.*
Jesus Cristo, *atendei-nos.*

Deus, Pai dos Céus, *tende piedade de nós.*
Deus Filho, Redentor do mundo, *tende piedade de nós.*
Deus Espírito Santo, *tende piedade de nós.*
Santíssima Trindade, que sois um só Deus,
tende piedade de nós.

Santa Maria, Mãe de Deus, *rogai por nós.*
São José, *rogai por nós.*
Ilustre filho de Davi, *rogai por nós.*
Luz dos Patriarcas, *rogai por nós.*
Esposo de Maria, Mãe de Deus, *rogai por nós.*
Guardião do Redentor, *rogai por nós.*
Guardião puríssimo da Virgem, *rogai por nós.*
Provedor do Filho de Deus, *rogai por nós.*
Zeloso defensor de Cristo, *rogai por nós.*
Servo de Cristo, *rogai por nós.*
Ministro da salvação, *rogai por nós.*
Chefe da Sagrada Família, *rogai por nós.*
José justíssimo, *rogai por nós.*

José castíssimo, *rogai por nós.*
José prudentíssimo, *rogai por nós.*
José fortíssimo, *rogai por nós.*
José obedientíssimo, *rogai por nós.*
José fidelíssimo, *rogai por nós.*
Exemplo de paciência, *rogai por nós.*
Amante da pobreza, *rogai por nós.*
Modelo dos trabalhadores, *rogai por nós.*
Honra da vida em família, *rogai por nós.*
Guardião das Virgens, *rogai por nós.*
Sustentáculo das famílias, *rogai por nós.*
Amparo nas dificuldades, *rogai por nós.*
Socorro dos miseráveis, *rogai por nós.*
Esperança dos enfermos, *rogai por nós.*
Patrono dos exilados, *rogai por nós.*
Patrono dos aflitos, *rogai por nós.*
Patrono dos pobres, *rogai por nós.*
Patrono dos moribundos, *rogai por nós.*
Terror dos demônios, *rogai por nós.*
Protetor da Santa Igreja, *rogai por nós.*

Cordeiro de Deus, que tirais os pecados do mundo,
perdoai-nos, Senhor.
Cordeiro de Deus, que tirais os pecados do mundo,
ouvi-nos, Senhor.
Cordeiro de Deus, que tirais os pecados do mundo,
tende piedade de nós.

V. Ele constituiu-o senhor de sua casa.
R. E fê-lo príncipe de todos os seus bens.

Oremos: Ó Deus, que por inefável providência vos dignastes escolher a São José por esposo de vossa Mãe Santíssima, concedei-nos, vo-lo pedimos, que mereçamos ter por intercessor no Céu aquele que veneramos na Terra como protetor. Vós que viveis e reinais por todos os séculos dos séculos. Amém.

Após a **Ladainha de São José,** reze, com fé e confiança, a **Oração ao Glorioso São José.** Coloque nesta oração todas as intenções que neste dia ofereceu pelo bem da Igreja e de todo o povo de Deus.

ORAÇÃO AO GLORIOSO SÃO JOSÉ

São José, alegres louvamos vosso exemplo
de doação paternal a nosso Amado Jesus.
Homem da obediência e do silêncio,
ensinai-nos por vosso exemplo a colocarmos
nossa confiança nas mãos do Pai Celestial.

Não nos desamparareis nas quedas
e, assim, como não deixastes Jesus abandonado,
caminhai conosco, intercedendo a Deus por nós.

Nas angústias, ouvi-nos;
nos perigos, defendei-nos;

na dor, fortificai-nos;
na tristeza, dai-nos esperança;
nas tempestades, acalmai-nos!

Castíssimo São José,
ensinai-nos a zelar por nossa família
com amor constante e cuidado diário.
Livrai nossa família dos perigos espirituais e temporais
e acompanhai-nos com vossa constante proteção.
Amém!

Conclua este quarto dia dos exercícios espirituais, agradecendo a Deus ter lhe concedido um patrono, que intercede fervorosamente por toda a Igreja. Para finalizar, trace, com fé, calma e confiança, o sinal da cruz sobre você.

COMPROMISSO DO DIA

Neste quarto dia dos Exercícios Espirituais, estamos unidos em oração por toda a Igreja. Rezemos ao longo deste dia ou da semana esta breve oração: **São José, patrono da Igreja, sempre a protegei e toda bênção lhe concedei!**

QUINTO DIA

São José, intercedei pelos pobres e sofredores

Neste quinto dia dos Exercícios Espirituais com São José, una-se em oração com todos os pobres e sofredores, suplicando a intercessão de São José por todos os irmãos que sentem na pele a dor da exclusão e da falta de condições dignas para viver em plenitude a vida sonhada por Deus. Vivendo uma vida humilde e simples, São José esteve unido a todos os sofredores e oprimidos de seu tempo e, hoje, do céu, intercede incessantemente por todos que clamam pela dignidade furtada que lhes é de direito.

A Palavra de Deus ilumina este dia de oração. Após a leitura, guarde alguns minutos de silêncio deixando que Deus fale com você por meio do texto bíblico. Você pode utilizar o método da Leitura Orante da Bíblia que se encontra no início deste livro.

TEXTO BÍBLICO

As bem-aventuranças (Mt 5,3-12)

"Bem-aventurados os pobres de espírito,
porque deles é o reino dos céus.
Bem-aventurados os que choram,
porque eles serão consolados.
Bem-aventurados os mansos,
porque eles herdarão a terra.
Bem-aventurados os que têm fome e sede de justiça,
porque eles serão fartos.
Bem-aventurados os misericordiosos,
porque eles alcançarão misericórdia.

Bem-aventurados os limpos de coração,
porque eles verão a Deus.
Bem-aventurados os pacificadores,
porque eles serão chamados filhos de Deus.
Bem-aventurados os que sofrem perseguição
por causa da justiça, porque deles é o reino dos céus.
Bem-aventurados sois vós, quando vos injuriarem e perseguirem e, mentindo, disserem todo o mal contra vós por minha causa.
Exultai e alegrai-vos, porque é grande vosso galardão nos céus; porque assim perseguiram os profetas que foram antes de vós."

Após meditar, com calma e serenidade, sobre as bem-aventuranças, sugerimos que aprofunde um pouco mais seu conhecimento sobre São José.

CATEQUESE SOBRE SÃO JOSÉ

(Papa Leão XII. Carta Encíclica *Quamquam pluries* sobre a necessidade de se recorrer ao Patrocínio de São José.)

"Volvendo o olhar à imagem de José, aprendam os nobres a conservar sua dignidade também na desventura; os ricos descubram quais são os bens que, na verdade, são necessários buscar e guardar zelosamente. E, enfim, os pobres, os operários e todos aqueles que pouco tiveram sorte têm um motivo a mais – e todo especial – de recorrer a José e de tomá-lo como exemplo: ele, embora sendo de descendência régia, desposado com a mais excelsa entre as mulheres e ter sido considerado como o pai do Filho de Deus, passou sua vida no trabalho, provendo o necessário para si e para os seus, com a fadiga e a habilidade de suas mãos.

Entretanto é bom refletir que não é verdade que a condição dos pobres seja degradante. O trabalho do operário, longe de ser desonroso, torna-se fonte de nobreza quando associado à virtude. José, contente com seu trabalho e com o pouco que possuía, viveu com coragem e nobreza as angústias da vida, seguindo nisso o exemplo de Jesus, que, embora sendo Senhor de tudo, fez-se servo de todos e não desdenhou abraçar voluntariamente a pobreza.

Essas considerações devem elevar o ânimo de quem é pobre e ganha o pão com seu trabalho e fazê-lo raciocinar retamente. De fato, se é verdade que a justiça consente em poder libertar-se da pobreza e alcançar uma posição melhor, também é verdade que a ninguém é permitido, nem à razão, nem à justiça, subverter a ordem estabelecida por Deus. Antes, recorrer, nesses casos, à violência e tentar o caminho da sublevação e dos tumultos é uma escolha desesperada, que, na maioria das vezes, agrava os próprios males que se queria aliviar. Querendo, portanto, agir com prudência, os proletários não confiem tanto nas promessas dos violentos, mas antes, no exemplo, no patrocínio de São José e na caridade materna da Igreja, que a cada dia mais se preocupa com sua situação."

Santo Afonso Maria de Ligório, fundador da Congregação do Santíssimo Redentor, ajuda-nos a refletir sobre São José, pai adotivo de Jesus.

MEDITAÇÃO ESPIRITUAL

Afonso Maria de Ligório. Meditações: Para todos os Dias e Festas do Ano.

"Devemos honrar muito aquele a quem Deus mesmo tanto tem honrado. E grande confiança devemos pôr na proteção de São José, que viu nesta terra o Senhor do mundo submisso a suas ordens. Escreve Santa Teresa: 'O Senhor nos quis dar a entender que, assim como na terra quis ficar submisso a São José, assim faz agora no céu tudo o que o Santo lhe pede'.

Meu santo Patriarca, pela grande reverência que, como seu esposo, vos teve Maria, rogo-vos que me recomendeis a ela e me alcanceis a graça de ser seu verdadeiro e fiel servo até a morte. E pela submissão que na terra vos mostrou o Verbo encarnado, obtende-me a graça de lhe obedecer e de amá-lo perfeitamente. No céu Jesus se compraz em conceder todas as graças que vós pedis em favor daqueles que a vós se recomendam. Eu também, miserável como sou, recomendo-me a vós, escolho-vos por meu advogado especial e prometo honrar-vos cada dia com algum obséquio particular. Meu Pai, São José, por piedade, alcançai-me aquela graça que vós sabeis ser mais útil a minha alma e, especialmente, a virtude da santa pureza."

LÍRIOS DE AMOR

Tendo apresentado as intenções deste dia e meditado na Palavra de Deus, reze agora 1 Pai-nosso e 10 Ave-Marias.

Terminada essa dezena de orações, reze a jaculatória: **Humilde e casto São José, vinde em nosso socorro, por nós intercedei e sempre nos protegei!**

Reze com devoção, unido com todos os pobres e sofredores, a Ladainha de São José!

LADAINHA DE SÃO JOSÉ

Senhor, *tende piedade de nós.*
Jesus Cristo, *tende piedade de nós.*
Senhor, *tende piedade de nós.*

Jesus Cristo, *ouvi-nos.*
Jesus Cristo, *atendei-nos.*

Deus, Pai dos Céus, *tende piedade de nós.*
Deus Filho, Redentor do mundo, *tende piedade de nós.*
Deus Espírito Santo, *tende piedade de nós.*
Santíssima Trindade, que sois um só Deus,
tende piedade de nós.

Santa Maria, Mãe de Deus, *rogai por nós.*
São José, *rogai por nós.*
Ilustre filho de Davi, *rogai por nós.*
Luz dos Patriarcas, *rogai por nós.*
Esposo de Maria, Mãe de Deus, *rogai por nós.*
Guardião do Redentor, *rogai por nós.*

Guardião puríssimo da Virgem, *rogai por nós.*
Provedor do Filho de Deus, *rogai por nós.*
Zeloso defensor de Cristo, *rogai por nós.*
Servo de Cristo, *rogai por nós.*
Ministro da salvação, *rogai por nós.*
Chefe da Sagrada Família, *rogai por nós.*
José justíssimo, *rogai por nós.*
José castíssimo, *rogai por nós.*
José prudentíssimo, *rogai por nós.*
José fortíssimo, *rogai por nós.*
José obedientíssimo, *rogai por nós.*
José fidelíssimo, *rogai por nós.*
Exemplo de paciência, *rogai por nós.*
Amante da pobreza, *rogai por nós.*
Modelo dos trabalhadores, *rogai por nós.*
Honra da vida em família, *rogai por nós.*
Guardião das Virgens, *rogai por nós.*
Sustentáculo das famílias, *rogai por nós.*
Amparo nas dificuldades, *rogai por nós.*
Socorro dos miseráveis, *rogai por nós.*
Esperança dos enfermos, *rogai por nós.*
Patrono dos exilados, *rogai por nós.*
Patrono dos aflitos, *rogai por nós.*
Patrono dos pobres, *rogai por nós.*
Patrono dos moribundos, *rogai por nós.*
Terror dos demônios, *rogai por nós.*
Protetor da Santa Igreja, *rogai por nós.*

Cordeiro de Deus, que tirais os pecados do mundo, *perdoai--nos, Senhor.*

Cordeiro de Deus, que tirais os pecados do mundo, *ouvi-nos, Senhor.*

Cordeiro de Deus, que tirais os pecados do mundo, *tende piedade de nós.*

V. Ele constituiu-o senhor de sua casa.

R. E fê-lo príncipe de todos os seus bens.

Oremos: Ó Deus, que por inefável providência vos dignastes escolher a São José por esposo de vossa Mãe Santíssima, concedei-nos, vo-lo pedimos, que mereçamos ter por intercessor no Céu aquele que veneramos na Terra como protetor. Vós que viveis e reinais por todos os séculos dos séculos. Amém.

Após a **Ladainha de São José**, reze com fé e confiança a **Oração ao Glorioso São José**.

ORAÇÃO AO GLORIOSO SÃO JOSÉ

São José, alegres louvamos vosso exemplo
de doação paternal a nosso Amado Jesus.
Homem da obediência e do silêncio,
ensinai-nos por vosso exemplo a colocarmos
nossa confiança nas mãos do Pai Celestial.

Não nos desampareis nas quedas
e, assim, como não deixastes Jesus abandonado,
caminhai conosco, intercedendo a Deus por nós.

Nas angústias, ouvi-nos;
nos perigos, defendei-nos;
na dor, fortificai-nos;
na tristeza, dai-nos esperança;
nas tempestades, acalmai-nos!

Castíssimo São José,
ensinai-nos a zelar por nossa família
com amor constante e cuidado diário.
Livrai nossa família dos perigos espirituais e temporais
e acompanhai-nos com vossa constante proteção.
Amém!

Conclua este quinto dia dos exercícios espirituais, buscando ser a mão misericordiosa do Senhor na sociedade. Para finalizar, trace, com fé, calma e confiança, o sinal da cruz sobre você.

COMPROMISSO DO DIA

Neste quinto dia dos Exercícios Espirituais, busque colocar em prática o amor em favor dos pobres e necessitados. Reze, ao longo deste dia ou da semana, esta breve oração: **São José, dos pobres e sofredores lembrai, a eles nunca desamparai!**

SEXTO DIA

São José, intercedei pelo fim das pandemias

As pandemias sempre existiram e assolaram povos e nações, ceifando milhões de vidas. Neste sexto dia dos Exercícios Espirituais com São José, reze pedindo a intercessão do glorioso patrono da Igreja pelo fim das pandemias e também por todos aqueles que lutam incansavelmente no cuidado dos contaminados, na descoberta de novas vacinas e, claro, pelas famílias enlutadas, que choram a morte de seus entes queridos, vítimas de tantas pandemias espalhadas pelo mundo.

Acolha a Palavra de Deus no coração e na vida. Após a leitura, guarde alguns minutos de silêncio deixando que Deus fale com você por meio do texto bíblico. Você pode utilizar o método da Leitura Orante da Bíblia que se encontra no início deste livro.

TEXTO BÍBLICO

Não tenham medo (Jo 6,16-21)

"Ao cair da tarde, os discípulos de Jesus desceram ao mar. Entraram na barca e foram em direção a Cafarnaum, do outro lado do mar. Já era noite, e Jesus ainda não tinha ido ao encontro deles. Soprava vento forte, e o mar estava agitado. Os discípulos tinham remado mais ou menos cinco ou seis quilômetros, quando viram Jesus andando sobre as águas e aproximando-se da barca. Então ficaram com medo, mas Jesus disse: 'Sou eu. Não tenham medo'. Eles quiseram recolher Jesus na barca, mas nesse instante a barca chegou à margem para onde estavam indo."

Aprofunde um pouco mais sua devoção lendo e refletindo sobre o texto apresentado a seguir.

CATEQUESE SOBRE SÃO JOSÉ

(Papa Francisco. Carta Apostólica *Patris corde* por ocasião do 150º aniversário da declaração de São José como padroeiro universal da Igreja.)

"O Maligno faz-nos olhar para nossa fragilidade com um juízo negativo, ao passo que o Espírito trá-la à luz com ternura. A ternura é a melhor forma para tocar o que há de frágil em nós. Muitas vezes o dedo em riste e o juízo que fazemos a respeito dos outros são sinal da incapacidade de acolher dentro de nós mesmos nossa própria fraqueza, nossa fragilidade. Só a ternura nos salvará da obra do Acusador (cf. Ap 12,10). Por isso é importante encontrar a Misericórdia de Deus, especialmente no sacramento da Reconciliação, fazendo uma experiência de verdade e ternura. Paradoxalmente, também o Maligno pode dizer-nos a verdade, mas, se o faz, é para nos condenar. Entretanto nós sabemos que a Verdade vinda de Deus não nos condena, ela acolhe-nos, abraça-nos, ampara-nos, perdoa-nos. A Verdade se apresenta-nos sempre como o Pai misericordioso da parábola (cf. Lc 15,11-32): vem a nosso encontro, devolve-nos a dignidade, levanta-nos, ordena uma festa para nós, dando como motivo que 'este meu filho estava morto e reviveu, estava perdido e foi encontrado' (Lc 15,24).

A vontade de Deus, sua história e seu projeto passam também por meio da angústia de José. Assim ele ensina-nos que ter fé em Deus inclui também acreditar que Ele pode intervir inclusive por meio de nossos medos, de nossas fragilidades, de nossa fraqueza. E ensina-nos que, no meio das tempestades da vida, não devemos ter medo de deixar a Deus o timão de nossa barca. Por vezes queremos controlar tudo, mas o olhar d'Ele vê sempre mais longe."

Medite e reze com esta oração de São Francisco de Sales.

MEDITAÇÃO ESPIRITUAL

São José, glorioso intercessor

"Glorioso São José, esposo de Maria, concede-nos tua proteção paternal, nós te suplicamos pelo Coração de Jesus e pelo Coração Imaculado de Maria. Tu, cujo poder se estende a todas as nossas necessidades e sabes tornar possíveis as coisas impossíveis, abre teus olhos de pai pelos interesses de teus filhos. Nas dificuldades e nos sofrimentos, que nos esmagam, recorremos a ti com confiança. Digna-te a tomar sob tua conduta caridosa este assunto importante e difícil, causa de nossa inquietação... (*mencionar a necessidade*). Faz com que a feliz resolução seja para a melhor glória de Deus e para o bem de seus fiéis servidores. Ó tu, amável São José, que nunca em vão invocamos, tu cujo crédito é tão poderoso junto de Deus que até se pode dizer: "No Céu, São José manda mais do que suplica", terno pai, reza por nós a Jesus, reza por nós a Maria. Sê nosso advogado junto deste Divino Filho do qual tu foste aqui embaixo o pai adoptivo tão atento, tão amável e protetor fiel. Sê nosso advogado junto de Maria, da qual foste esposo amantíssimo e tão ternamente amado. Acrescenta a todas as tuas glórias a de ganhar a causa difícil que nós te confiamos. Nós cremos, sim, nós cremos que podes satisfazer nossos desejos livrando-nos das tristezas que nos abatem e das amarguras que assolam nossa alma. Além disso temos a confiança firme de que nada negligenciarás em favor dos aflitos que te imploram. Humildemente prostrados a teus pés, bom São José, nós te suplicamos: tem piedade de nossos gemidos e de nossas lágrimas. Cobre-nos com o manto de tuas misericórdias e abençoa-nos. Amém."

LÍRIOS DE AMOR

Tendo apresentado as intenções deste dia e meditado na Palavra de Deus, reze agora 1 Pai-nosso e 10 Ave-Marias.

Terminada essa dezena de orações, reze a jaculatória: **Humilde e casto São José, vinde em nosso socorro, por nós intercedei e sempre nos protegei!**

Reze com devoção, unido com todos os pobres e sofredores, a Ladainha de São José!

LADAINHA DE SÃO JOSÉ

Senhor, *tende piedade de nós.*
Jesus Cristo, *tende piedade de nós.*
Senhor, *tende piedade de nós.*

Jesus Cristo, *ouvi-nos.*
Jesus Cristo, *atendei-nos.*

Deus, Pai dos Céus, *tende piedade de nós.*
Deus Filho, Redentor do mundo, *tende piedade de nós.*
Deus Espírito Santo, *tende piedade de nós.*
Santíssima Trindade, que sois um só Deus,
tende piedade de nós.

Santa Maria, Mãe de Deus, *rogai por nós.*
São José, *rogai por nós.*
Ilustre filho de Davi, *rogai por nós.*
Luz dos Patriarcas, *rogai por nós.*
Esposo de Maria, Mãe de Deus, *rogai por nós.*
Guardião do Redentor, *rogai por nós.*
Guardião puríssimo da Virgem, *rogai por nós.*
Provedor do Filho de Deus, *rogai por nós.*
Zeloso defensor de Cristo, *rogai por nós.*
Servo de Cristo, *rogai por nós.*
Ministro da salvação, *rogai por nós.*
Chefe da Sagrada Família, *rogai por nós.*
José justíssimo, *rogai por nós.*
José castíssimo, *rogai por nós.*
José prudentíssimo, *rogai por nós.*
José fortíssimo, *rogai por nós.*
José obedientíssimo, *rogai por nós.*
José fidelíssimo, *rogai por nós.*
Exemplo de paciência, *rogai por nós.*

Amante da pobreza, *rogai por nós.*
Modelo dos trabalhadores, *rogai por nós.*
Honra da vida em família, *rogai por nós.*
Guardião das Virgens, *rogai por nós.*
Sustentáculo das famílias, *rogai por nós.*
Amparo nas dificuldades, *rogai por nós.*
Socorro dos miseráveis, *rogai por nós.*
Esperança dos enfermos, *rogai por nós.*
Patrono dos exilados, *rogai por nós.*
Patrono dos aflitos, *rogai por nós.*
Patrono dos pobres, *rogai por nós.*
Patrono dos moribundos, *rogai por nós.*
Terror dos demônios, *rogai por nós.*
Protetor da Santa Igreja, *rogai por nós.*

Cordeiro de Deus, que tirais os pecados do mundo,
perdoai-nos, Senhor.
Cordeiro de Deus, que tirais os pecados do mundo,
ouvi-nos, Senhor.
Cordeiro de Deus, que tirais os pecados do mundo,
tende piedade de nós.

V. Ele constituiu-o senhor de sua casa.
R. E fê-lo príncipe de todos os seus bens.

Oremos: Ó Deus, que por inefável providência vos dignastes escolher a São José por esposo de vossa Mãe Santíssima, concedei-nos, vo-lo pedimos, que mereçamos ter por intercessor no Céu aquele que veneramos na Terra como protetor. Vós que viveis e reinais por todos os séculos dos séculos. Amém.

Após a **Ladainha de São José**, reze com fé e confiança a **Oração ao Glorioso São José** colocando sob sua proteção o mundo todo contra os males das pandemias.

ORAÇÃO AO GLORIOSO SÃO JOSÉ

São José, alegres louvamos vosso exemplo
de doação paternal a nosso Amado Jesus.
Homem da obediência e do silêncio,
ensinai-nos por vosso exemplo a colocarmos
nossa confiança nas mãos do Pai Celestial.

Não nos desampareis nas quedas
e, assim, como não deixastes Jesus abandonado,
caminhai conosco, intercedendo a Deus por nós.

Nas angústias, ouvi-nos;
nos perigos, defendei-nos;
na dor, fortificai-nos;
na tristeza, dai-nos esperança;
nas tempestades, acalmai-nos!

Castíssimo São José,
ensinai-nos a zelar por nossa família

com amor constante e cuidado diário.
Livrai nossa família dos perigos espirituais e temporais
e acompanhai-nos com vossa constante proteção.
Amém!

Conclua este sexto dia dos Exercícios Espirituais com São José, renovando sua confiança neste pai espiritual que sempre olha por você e o protege de todo o mal. Para finalizar, trace com fé, calma e confiança, o sinal da cruz sobre você.

COMPROMISSO DO DIA

Neste sexto dia dos Exercícios Espirituais, intensifique suas orações para seja livre de todo o mal que as pandemias podem causar. Reze, ao longo deste dia ou da semana, esta breve oração: **São José, das pandemias nos livrai e de todo mal nos libertai.**

SÉTIMO DIA

São José, intercedei pelas almas do purgatório

Neste sétimo e último dia dos Exercícios Espirituais, reze pelas almas do purgatório, pedindo a São José que interceda junto a Jesus por esses irmãos e essas irmãs. Hoje, convidamos você a fazer memória dos falecidos de sua família e de pessoas amigas e conhecidas que deseje incluir nesta oração.

Medite acerca de um trecho das Sagradas Escrituras. Após a leitura, guarde alguns minutos de silêncio deixando que Deus fale com você por meio do texto bíblico. Você pode utilizar o método da Leitura Orante da Bíblia que se encontra no início deste livro.

TEXTO BÍBLICO

Na casa de meu Pai há muitas moradas (Jo 14,1-6)

"Jesus continuou dizendo: 'Não fique perturbado o coração de vocês. Acreditem em Deus e acreditem também em mim. Existem muitas moradas na casa de meu Pai. Se não fosse assim, eu lhes teria dito, porque vou preparar um lugar para vocês. E, quando eu for e lhes tiver preparado um lugar, voltarei e levarei vocês comigo, para que, onde eu estiver, estejam vocês também. E, para onde eu vou, vocês já conhecem o caminho'. Tomé disse a Jesus: 'Senhor, nós não sabemos para onde vais; como podemos conhecer o caminho?' Jesus respondeu: 'Eu sou o Caminho, a Verdade e a Vida. Ninguém vai ao Pai senão por mim. Se vocês me conhecem, conhecem também meu Pai. Desde agora vocês o conhecem e já o viram'".

Aprofunde um pouco mais sua devoção sobre São José.

CATEQUESE SOBRE SÃO JOSÉ

(Papa Francisco. Carta Apostólica *Patris corde* por ocasião do 150º aniversário da declaração de São José como padroeiro universal da Igreja.)

"José acolhe Maria, sem colocar condições prévias. Confia nas palavras do anjo. 'A nobreza de seu coração fá-lo subordinar à caridade aquilo que aprendera com a lei; e hoje, neste mundo onde é patente a violência psicológica, verbal e física contra a mulher, José apresenta-se como figura de homem respeitoso, delicado que, mesmo não dispondo de todas as informações, decide-se pela honra, dignidade e vida de Maria. E, em sua dúvida sobre o melhor a fazer, Deus ajudou-o a escolher iluminando seu discernimento.'

Em nossa vida, muitas vezes sucedem coisas, cujo significado não entendemos. E nossa primeira reação, frequentemente, é de desilusão e revolta. Diversamente, José deixa de lado seus raciocínios para dar lugar ao que sucede e, por mais misterioso que possa aparecer a seus olhos, acolhe-o, assume sua responsabilidade e reconcilia-se com a própria história. Se não nos reconciliarmos com nossa história, não conseguiremos dar nem mais um passo, porque ficaremos sempre reféns de nossas expectativas e consequentes desilusões.

A vida espiritual que José nos mostra não é um caminho que explica, mas um caminho que acolhe. Só a partir desse acolhimento, dessa reconciliação, é possível intuir também uma história mais excelsa, um significado mais profundo. Parecem ecoar as palavras inflamadas de Jó, quando, desafiado pela esposa a rebelar-se contra todo o mal que lhe está a acontecer, responde: 'Se recebemos os bens da mão de Deus, não aceitaremos também os males?' (Jó 2,10).

José não é um homem resignado passivamente. Seu protagonismo é corajoso e forte. O acolhimento é um modo pelo qual se manifesta, em nossa vida, o dom da fortaleza, que nos vem do Espírito Santo. Só o Senhor nos pode dar força para acolher a vida como ela é, aceitando até mesmo suas contradições, seus imprevistos e suas desilusões.

Meditemos com Santa Teresa de Jesus sobre São José.

MEDITAÇÃO ESPIRITUAL

Devoção a São José por Santa Teresa de Jesus

"Eu queria persuadir todos a serem devotos desse glorioso santo, por minha grande experiência de quantos bens ele alcança de Deus. Não conheço nenhuma pessoa que realmente lhe seja devota e a ele se dedique particularmente, que não progrida na virtude; porque ele ajuda muito as almas que a ele se encomendam. Há alguns anos, sempre lhe peço, em seu dia, alguma coisa, nunca deixando de ser atendida. Se a petição vai algo torcida, ele a endireita para maior bem meu."

LÍRIOS DE AMOR

Tendo apresentado as intenções deste dia e meditado na Palavra de Deus, reze agora 1 Pai-nosso e 10 Ave-Marias.

Terminada essa dezena de orações, reze a jaculatória: **Humilde e casto São José, vinde em nosso socorro, por nós intercedei e sempre nos protegei!**

Reze com fé a Ladainha de São José!

LADAINHA DE SÃO JOSÉ

Senhor, *tende piedade de nós.*
Jesus Cristo, *tende piedade de nós.*
Senhor, *tende piedade de nós.*

Jesus Cristo, *ouvi-nos.*
Jesus Cristo, *atendei-nos.*

Deus, Pai dos Céus, *tende piedade de nós.*
Deus Filho, Redentor do mundo, *tende piedade de nós.*
Deus Espírito Santo, *tende piedade de nós.*
Santíssima Trindade, que sois um só Deus,
tende piedade de nós.

Santa Maria, Mãe de Deus, *rogai por nós.*
São José, *rogai por nós.*
Ilustre filho de Davi, *rogai por nós.*

Luz dos Patriarcas, *rogai por nós.*
Esposo de Maria, Mãe de Deus, *rogai por nós.*
Guardião do Redentor, *rogai por nós.*
Guardião puríssimo da Virgem, *rogai por nós.*
Provedor do Filho de Deus, *rogai por nós.*
Zeloso defensor de Cristo, *rogai por nós.*
Servo de Cristo, *rogai por nós.*
Ministro da salvação, *rogai por nós.*
Chefe da Sagrada Família, *rogai por nós.*
José justíssimo, *rogai por nós.*
José castíssimo, *rogai por nós.*
José prudentíssimo, *rogai por nós.*
José fortíssimo, *rogai por nós.*
José obedientíssimo, *rogai por nós.*
José fidelíssimo, *rogai por nós.*
Exemplo de paciência, *rogai por nós.*
Amante da pobreza, *rogai por nós.*
Modelo dos trabalhadores, *rogai por nós.*
Honra da vida em família, *rogai por nós.*
Guardião das Virgens, *rogai por nós.*
Sustentáculo das famílias, *rogai por nós.*
Amparo nas dificuldades, *rogai por nós.*
Socorro dos miseráveis, *rogai por nós.*
Esperança dos enfermos, *rogai por nós.*
Patrono dos exilados, *rogai por nós.*
Patrono dos aflitos, *rogai por nós.*
Patrono dos pobres, *rogai por nós.*
Patrono dos moribundos, *rogai por nós.*

Terror dos demônios, *rogai por nós.*
Protetor da Santa Igreja, *rogai por nós.*

Cordeiro de Deus, que tirais os pecados do mundo,
perdoai-nos, Senhor.
Cordeiro de Deus, que tirais os pecados do mundo,
ouvi-nos, Senhor.
Cordeiro de Deus, que tirais os pecados do mundo,
tende piedade de nós.

V. Ele constituiu-o senhor de sua casa.
R. E fê-lo príncipe de todos os seus bens.

Oremos: Ó Deus, que por inefável providência vos dignastes escolher a São José por esposo de vossa Mãe Santíssima, concedei-nos, vo-lo pedimos, que mereçamos ter por intercessor no Céu aquele que veneramos na Terra como protetor. Vós que viveis e reinais por todos os séculos dos séculos. Amém.

Após a **Ladainha de São José**, reze com fé e confiança a **Oração ao Glorioso São José** por intenção de todas as almas do purgatório.

ORAÇÃO AO GLORIOSO SÃO JOSÉ

São José, alegres louvamos vosso exemplo
de doação paternal a nosso Amado Jesus.
Homem da obediência e do silêncio,
ensinai-nos por vosso exemplo a colocarmos
nossa confiança nas mãos do Pai Celestial.

Não nos desampareis nas quedas
e, assim, como não deixastes Jesus abandonado,
caminhai conosco, intercedendo a Deus por nós.

Nas angústias, ouvi-nos;
nos perigos, defendei-nos;
na dor, fortificai-nos;
na tristeza, dai-nos esperança;
nas tempestades, acalmai-nos!

Castíssimo São José,
ensinai-nos a zelar por nossa família
com amor constante e cuidado diário.
Livrai nossas famílias dos perigos espirituais e temporais
e acompanhai-nos com vossa constante proteção.
Amém!

Conclua este sétimo e último dia dos Exercícios Espirituais com São José agradecendo a Deus a oportunidade de crescer na fé e devoção a esse grande santo e pai espiritual.

Para finalizar, trace, com fé, calma e confiança, o sinal da cruz sobre você.

COMPROMISSO DO DIA

Neste **último** dia dos Exercícios Espirituais, reze pelas almas do purgatório e, ao longo deste dia ou da semana, esta breve oração: **São José, guardião da boa morte, pelas almas do purgatório intercedei.**

SANTO TERÇO VALEI-ME, SÃO JOSÉ

Em nome do Pai, do Filho, do Espírito Santo. **Amém!**

OFERECIMENTO

Ofereço este terço em louvor e glória de Jesus, Maria e José, para que sejam minha luz, meu guia, minha proteção, defesa, meu amparo e minha fortaleza em todos os meus trabalhos, todas as minhas alegrias, agonias e tribulações. Pelo Nome de Jesus e pela glória de Maria, imploro a vós, glorioso São José, que alcanceis as graças que desejo (*pedir as graças*). Advogai a minha causa, falai em meu favor, no céu e na terra, alegrai minha alma, para honra e glória de Jesus e Maria. Amém.

PRIMEIRO MISTÉRIO

No primeiro mistério, contemplamos a aparição do anjo do Senhor, em sonhos, a José (Mt 1,18-25).

Rezemos este mistério pedindo que São José nos conceda a graça de acolhermos a vontade de Deus em nossa vida com docilidade e paciência, abandonando-nos nas mãos do Pai assim como ele o fez.

Na conta grande: São José, a vós recorremos com amor, nunca nos desampareis, glorioso intercessor.

Nas dez contas pequenas: Humilde e Casto São José, valei-me e socorrei-me.

Glória ao Pai, e ao Filho e ao Espírito Santo, como era no princípio, agora e sempre.

Humilde e casto São José, vinde em nosso socorro, por nós intercedei e sempre nos protegei!

SEGUNDO MISTÉRIO

No segundo mistério, contemplamos São José no presépio com o recém-nascido e Maria (Lc 2,1-16).

Rezemos este mistério por todas as famílias, pedindo que São José interceda junto a seu amado Filho, Nosso Senhor Jesus Cristo, por todos os lares.

Na conta grande: São José, a vós recorremos com amor, nunca nos desampareis, glorioso intercessor.

Nas dez contas pequenas: Humilde e Casto São José, valei-me e socorrei-me.

Glória ao Pai, e ao Filho e ao Espírito Santo, como era no princípio, agora e sempre.

Humilde e casto São José, vinde em nosso socorro, por nós intercedei e sempre nos protegei!

TERCEIRO MISTÉRIO

No terceiro mistério, contemplamos a fuga da Sagrada Família para o Egito (Mt 2,13-15).

Rezemos este mistério pedindo que São José nos livre de todos os males e nos proteja de todos os perigos.

Na conta grande: São José, a vós recorremos com amor, nunca nos desampareis, glorioso intercessor.

Nas dez contas pequenas: Humilde e Casto São José, valei-me e socorrei-me.

Glória ao Pai, e ao Filho e ao Espírito Santo, como era no princípio, agora e sempre.

Humilde e casto São José, vinde em nosso socorro, por nós intercedei e sempre nos protegei!

QUARTO MISTÉRIO

No quarto mistério, contemplamos a apresentação de Jesus no Templo (Lc 2,22-39).

Neste mistério, rezemos pedindo a intercessão do glorioso São José para que ele apresente a Jesus todas as nossas necessidades espirituais e corporais.

Na conta grande: São José, a vós recorremos com amor, nunca nos desampareis, glorioso intercessor.

Nas dez contas pequenas: Humilde e Casto São José, valei-me e socorrei-me.

Glória ao Pai, e ao Filho e ao Espírito Santo, como era no princípio, agora e sempre.

Humilde e casto São José, vinde em nosso socorro, por nós intercedei e sempre nos protegei!

QUINTO MISTÉRIO

No quinto mistério, contemplamos o reencontro de José e Maria com Jesus no Templo (Lc 2,41-51).

Neste mistério, rezemos suplicando a São José que nos ajude com sua paternal intercessão a sempre encontrarmos e reconhecermos a misericórdia de Jesus Cristo em todos os momentos de nossa vida.

Na conta grande: São José, a vós recorremos com amor, nunca nos desampareis, glorioso intercessor.

Nas dez contas pequenas: Humilde e Casto São José, valei-me e socorrei-me.

Glória ao Pai, e ao Filho e ao Espírito Santo, como era no princípio, agora e sempre.

Humilde e casto São José, vinde em nosso socorro, por nós intercedei e sempre nos protegei!

REZEMOS JUNTOS

Lembrai-vos, ó puríssimo esposo da Virgem Maria, que jamais se ouviu dizer que alguém tivesse invocado vossa proteção, implorado vosso socorro e não fosse por vós atendido. Com essa confiança, venho a vossa presença; a vós com fervor me recomendo. Não desprezeis as minhas súplicas, pai adotivo do Redentor, mas dignai-vos de acolhê-las piedosamente. Amém.

ORAÇÕES DIVERSAS A SÃO JOSÉ

ORAÇÃO A SÃO JOSÉ PELAS VOCAÇÕES

Glorioso São José, pai adotivo de Nosso Senhor Jesus Cristo,
ensinai-nos por vosso exemplo de obediência
a realizarmos a vontade de Deus em nossa vida.
Intercedei por todos os diáconos, padres e bispos,
para que sejam fiéis servidores da Igreja
e testemunhem, com suas palavras e ações,
a misericórdia de Deus na vida do povo a eles confiado.
Rogai pelos casais, para que frutifiquem no amor conjugal
santificando-se diariamente e testemunhando
a graça da vocação matrimonial.
Protegei nossas famílias contra todo mal,
assim como cuidastes com prontidão e fortaleza de Jesus e Maria.
Fortalecei os religiosos e as religiosas no testemunho do Evangelho,
junto aos pobres e necessitados,
reconhecendo em cada sofredor o próprio Cristo na cruz.
Amparai, nos momentos de desânimo, os leigos e as leigas
que se doam sem medidas,
pelo bem da Igreja e das comunidades cristãs.
Iluminai por vosso exemplo nossos catequistas,
que educam na fé e nos valores do Evangelho nossos catequizandos,
para que, seguindo os passos de Jesus,
sejam arautos do amor divino no coração da Igreja.
Amém.

ORAÇÃO A SÃO JOSÉ PELOS PAIS

Amado São José, que, com amor paternal,
zelastes pela vida de Jesus Cristo e Maria,
rogamos, hoje, por todos os pais,
para que se inspirem em vossas virtudes
e sejam para seus filhos como vós fostes para Jesus:
um pai amoroso, dedicado completamente
no cuidado diário, exemplo
de pureza, castidade e justiça.
Olhai pelos pais abandonados que choram
a saudade de seus filhos,
confortai os pais doentes com a esperança da cura,
consolai os pais enlutados com a certeza da ressurreição.
Libertai dos vícios os pais dependentes,
intercedei pelos pais desempregados,
para que, exercendo um trabalho,
possam prover o necessário para sua família.
Recebei no reino dos Céus as almas dos pais falecidos
e intercedei por todos aqueles que se encontram no purgatório.
Visitai com vossa bondade os que são chamados à vocação matrimonial,
para que sejam pais segundo
vosso exemplo de paternidade.
Abençoai com vosso amor todos os pais
e sede para eles fortaleza nos desertos da vida
e segurança em meio às tempestades cotidianas.
Amém!

ORAÇÃO VALEI-ME, SÃO JOSÉ

Valei-me, São José, poderoso patriarca da Igreja,
homem casto, justo e fiel aos desígnios de Deus.
Sendo pai adotivo de Jesus, adotastes-me,
como vosso filho (vossa filha) que muito vos devota amor,
confiança e esperança.
Glorioso São José, vinde em meu auxílio, com vossa paternal
intercessão!
Nas insídias do inimigo: valei-me, São José!
Nas enfermidades espirituais e corporais: valei-me, São José!
Nos medos que me roubam a paz: valei-me, São José!
Nas tempestades da vida: valei-me, São José!
Nas maldades humanas: valei-me, São José!
Nas trevas do erro: valei-me, São José!
Valei-me, São José, e recebei neste dia meu coração,
como oferta de gratidão. Em vós confio! Em vós me refugio!
Como cuidastes com amor de Jesus e Maria,
cuidai de mim, pois sou pobre e pecador.
Que vossas santas virtudes de humildade, de obediência, de
discernimento,
de castidade, de pobreza, de paciência, de serviço, de amor
divino e de justiça
sejam meus escudos espirituais contra as ciladas do mal.
Em tudo, valei-me, São José!

ORAÇÃO A SÃO JOSÉ PELO FIM DAS PANDEMIAS

Senhor Jesus, Médico dos médicos,
que curastes com amor os enfermos
e nunca deixastes de acolher a todos,
vinde em nosso socorro,
neste momento
em que o medo nos aprisiona.
Libertai-nos do mal das pandemias.
Acreditamos, Senhor,
que tudo pode ser mudado pela força da oração.
Acolhei junto a vós as almas
de tantas vítimas em todo o mundo
e libertai do medo os que se encontram catalogados
como casos suspeitos.
Amado Jesus, que não nos faltem a fé nem o discernimento,
para nos prevenirmos contra o mal
que, rapidamente, tende a crescer a cada dia.
Auxiliai com vossa graça os profissionais da área da saúde,
para que descubram vacinas que combatam o mal
que se espalha.
Dai-nos vossa mão e concedei-nos a paz
diante desta tempestade que nos rouba a serenidade.
Em vós confiamos e depositamos,
no Castíssimo Coração de São José, todas as nossas intenções
e esperanças.

Que por sua intercessão
junto a vosso Sagrado Coração sejamos ouvidos e atendidos
em nossas preces e necessidades espirituais e temporais.
Amém!

CONSAGRAÇÃO DAS FAMÍLIAS A SÃO JOSÉ

Ó São José, cuja proteção é tão grande, tão forte
e tão imediata diante do trono de Deus,
a vós confio todas as minhas intenções e necessidades.
Neste dia que rogo a vossa paternal proteção,
consagro-vos minha família em vosso amor.
Intercedei junto a Jesus Cristo por todos os que habitam minha casa, livrai-os de todos os perigos espirituais e corporais. Assim como cuidastes com amor e misericórdia de Jesus e Maria, vinde cuidar também de minha família. Que meu lar seja uma Igreja Doméstica assim como foi o Sagrado Lar de Nazaré. Que a paz reine em cada coração e que as dificuldades de cada dia não nos afastem jamais do amor de Deus. Acompanhai-nos com vossa poderosa proteção para que o inimigo jamais desfaça os laços de amor que nos unem uns aos outros. Amado São José, em vós confiamos e suplicamos: ensinai-nos a viver em nossos relacionamentos a virtude da humidade, para que, obedecendo à vontade de Deus, nosso lar seja sempre um Santuário da Paz e um refúgio para as almas desamparadas.
Que aprendamos a cada dia a partilhar o pão que nos alimenta, acolhendo aos que batem a nossa porta como o próprio Cristo, vosso filho amado.
São José, a vós nos consagramos e confiamos que
sempre nos ouvis e
por nós intercedeis sem cessar.
Assim seja!

ORAÇÃO A SÃO JOSÉ PELO BRASIL

Glorioso São José,
olhai com benevolência para nosso Brasil:
intercedei pelos pobres e sofredores
que vivem à margem da sociedade,
clamando por dignidade e justiça.
Que vossas santas virtudes de humildade e
do abandono em Deus
sejam derramadas no coração de nossos governantes
para que o poder que exercem seja em vista do bem comum,
principalmente em favor dos menos favorecidos.
Protegei-nos contra o mal das pandemias.
Socorrei os enfermos e todos aqueles
que não têm acesso a um sistema de saúde
que garanta dignidade em suas diversas necessidades.
Abençoai os trabalhadores, que, com o suor de seu labor,
levam o pão de cada dia à mesa de seus familiares,
e amparai os desempregados que clamam
pela dignidade de um trabalho e salário justos.
A vós recorremos e imploramos vossas bênçãos sobre
nossa terra de Santa Cruz.
Livrai-nos do mal e reacendei em nossa alma
a chama da esperança de dias melhores.
Amém!

Este livro foi composto com as famílias tipográficas Adobe Hebrew, Baker Signet BT e Calibri e impresso em papel Book Ivory 65g/m^2 pela **Gráfica Santuário**.